Diferente como YO

Escrito por **Xochitl Dixon** Ilustrado por **Bonnie Lui**

Our Daily Bread Publishing™

La autora está representada por la agencia literaria de Credo Communications, LLC, Grand Rapids, Michigan, www.credocommunications.net.

Las solicitudes para pedir permiso para citar cualquier parte del contenido de este libro deben dirigirse a: Permissions Department, Our Daily Bread Publishing, PO Box 3566, Grand Rapids, MI 49501, o también se puede contactar con nosotros por correo electrónico en permissionsdept@odb.org.

Excepto cuando se indique lo contrario, las citas bíblicas están tomadas de la versión Reina Valera Contemporánea® © Sociedades Bíblicas Unidas, 2009, 2011.

Traducción: Fernando Plou

Diseño del interior: Kris Nelson/StoryLook Design

Datos de catalogación de la publicación está disponible

ISBN: 978-1-64070-164-9

Impreso en China

22 23 24 25 26 27 28 29 / 8 7 6 5 4 3 2 1

«Y Dios creó al hombre a su imagen. Lo creó
a imagen de Dios. Hombre y mujer los creó.»

(GÉNESIS 1:27)

¿Qué veo cuando
miro alrededor?
A un montón de niños
que no son como yo.

Colores de piel diferentes. Cabellos diferentes.
Ojos diferentes. Sonrisas diferentes.

Incluso nuestros cuerpos
todos diferentes son.

Idiomas diferentes hablamos.

Algunos hablan con las manos.

Algunos son mis vecinos de al lado,

otros de tierras lejanas han llegado.

¿Qué veo cuando
miro alrededor?
A un montón de niños
que no son como yo.

Tenemos diferentes familias,
diferentes amigos, hogares y apellidos.
Nos gustan mascotas diferentes,
y no comemos ni jugamos a lo mismo.

A algunos niños les gusta lanzar,
a otros les gusta atrapar.

Algunos quieren destacar,
y otros quieren encajar.

Algunos desean inventar
aventuras de reyes y dragones.

A algunos les gusta dibujar
diferentes cosas a montones.

¿Qué veo cuando
miro alrededor?

A un montón de niños que no son como yo.

Algunos usan una
silla para caminar.
Algunos usan un bastón para mirar.

Pero, aunque somos diferentes,
sentimos las cosas de forma similar.

Nos sentimos apurados y felices.

Nos sentimos asustados
y tristes.

Nos sentimos gruñones y preocupados.

Nos sentimos contentos.
Nos sentimos liberados.

¿Qué veo cuando miro alrededor?
Un montón de niños que tan diferentes no son.

Todos reímos y hacemos tonterías.
Lloramos cuando tenemos heridas.

De alegría saltamos
y de timidez nos ocultamos.

Todos somos buenos en algo,
y podemos amistad regalar.